essentials

essentials liefern aktuelles Wissen in konzentrierter Form. Die Essenz dessen, worauf es als „State-of-the-Art" in der gegenwärtigen Fachdiskussion oder in der Praxis ankommt. *essentials* informieren schnell, unkompliziert und verständlich

- als Einführung in ein aktuelles Thema aus Ihrem Fachgebiet
- als Einstieg in ein für Sie noch unbekanntes Themenfeld
- als Einblick, um zum Thema mitreden zu können

Die Bücher in elektronischer und gedruckter Form bringen das Expertenwissen von Springer-Fachautoren kompakt zur Darstellung. Sie sind besonders für die Nutzung als eBook auf Tablet-PCs, eBook-Readern und Smartphones geeignet. *essentials:* Wissensbausteine aus den Wirtschafts-, Sozial- und Geisteswissenschaften, aus Technik und Naturwissenschaften sowie aus Medizin, Psychologie und Gesundheitsberufen. Von renommierten Autoren aller Springer-Verlagsmarken.

Weitere Bände in dieser Reihe http://www.springer.com/series/13088

Marco Furtner

Empowering Leadership

Mit selbstverantwortlichen Mitarbeitern zu Innovation und Spitzenleistungen

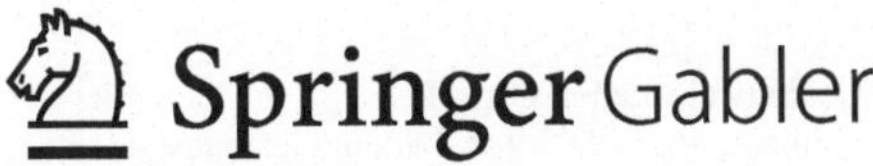

Prof. Dr. Marco Furtner
Universität Innsbruck
Innsbruck, Österreich

ISSN 2197-6708   ISSN 2197-6716   (electronic)
essentials
ISBN 978-3-658-16059-3   ISBN 978-3-658-16060-9   (eBook)
DOI 10.1007/978-3-658-16060-9

Die Deutsche Nationalbibliothek verzeichnet diese Publikation in der Deutschen Nationalbibliografie; detaillierte bibliografische Daten sind im Internet über http://dnb.d-nb.de abrufbar.

Springer Gabler

Gedruckt auf säurefreiem und chlorfrei gebleichtem Papier

Springer Gabler ist Teil von Springer Nature
Die eingetragene Gesellschaft ist Springer Fachmedien Wiesbaden GmbH
Die Anschrift der Gesellschaft ist: Abraham-Lincoln-Str. 46, 65189 Wiesbaden, Germany

Was Sie in diesem *essential* finden können

- Eine grundlegende Beschreibung von Self-Leadership als Basis für Empowering Leadership
- Eine Einführung in die Funktionsweise von Empowering Leadership
- Eine Beschreibung der Interaktion zwischen Empowering Leadership, Shared Leadership und Self-Leadership
- Darlegung der Effektivität von Empowering Leadership zur Förderung von Autonomie, Selbstbestimmung, Innovation und Leistung

Vorwort

Dieses Buch stellt den zweiten Teil einer Führungstetralogie dar, welche vom Autor in der *essentials*-Reihe vom Springer Gabler Verlag erscheint. Das erste Buch „Effektivität der transformationalen Führung" beschäftigt sich mit der wohl mächtigsten Form von Führungsverhalten, welche bislang in der Geschichte der Führungsforschung beschrieben wurde, die transformationale und charismatische Führung (Furtner 2016b). Das vorliegende zweite Buch fokussiert sich auf Empowering Leadership, welches seine Stärken insbesondere zur Förderung von Kreativität, Innovation und organisationalen Spitzenleistungen aufweist. Bei der transformationalen Führung und Empowering Leadership handelt es sich um zwei sehr effektive und „erfolgreiche" Arten des Führungsverhaltens. Sie kommen dem Innovations- und Leistungsbedürfnis von Organisationen in einer zunehmend globalisierten und dynamischen Welt entgegen. Das dritte Buch „Dynamische Mitarbeiterführung" zeigt auf, wie eine moderne Führungskraft in spezifischen Situationen ihr Führungsverhalten variiert und ein passendes Führungsverhalten zeigt. Die Führungsrealität ist sehr komplex und es existiert nicht nur *ein* ideales Führungsverhalten. Eine dynamische Führungskraft zeigt eine höhere Achtsamkeit und Sensitivität für bestimmte Führungssituationen und passt ihr Führungsverhalten jeweils an. Im vierten Buch wird mit „Dark Leadership" die dunkle Seite der Mitarbeiterführung beschrieben. Für lange Zeit hat sich die Führungsforschung vorwiegend auf die „gute" und idealisierte Form von Führung fokussiert und bis vor kurzem die „böse" und dunkle Seite von Führung ignoriert. Dark Leadership beschreibt die narzisstische, machiavellistische und psychopathische Führung und liefert Einblick, weshalb selbstsüchtige und impulsive Führungskräfte genauso erfolgreich sein können, wie „gute" und prosozial orientierte Führungskräfte.

Innsbruck, Österreich
im Sommer 2016

Marco Furtner

Inhaltsverzeichnis

Einleitung 1

In einer zunehmend globalisierten, sich schnell verändernden und dynamischen Welt stehen Organisationen vor vielfachen Herausforderungen (z. B. kürzere Produktlebenszyklen, weltweite Konkurrenz). In der Wissensgesellschaft des 21. Jahrhunderts zeigt sich eine Zunahme der individuellen Leistungsanforderungen, der Flexibilität und der Selbstverantwortung. Wie können Organisationen und Unternehmen mit dem zunehmenden Druck umgehen? Zur Beibehaltung der Konkurrenzfähigkeit und strategischen Positionierung werden häufig die Schlüsselbegriffe Innovation, Effektivität, Effizienz und Nachhaltigkeit genannt. Insbesondere Organisationen und Unternehmen der westlichen Welt setzen zunehmend auf eine innovationsorientierte Strategie, um sich im Wettbewerb zu bewähren. Um auf Basis der strategischen Ausrichtung sowohl die Kreativität, Innovation und Spitzenleistungen voranzutreiben, benötigt es neben der transformationalen Führung (vgl. Furtner 2016b) ein ganz bestimmtes Führungsverhalten: Empowering Leadership. Ein ermächtigendes Führungsverhalten zielt auf die Selbstentwicklung der Geführten und Teammitglieder. Die Führungskraft gewährt hoch qualifizierten Wissensarbeitern und Fachkräften jenen erwünschten Freiraum, welchen es zur Förderung von Kreativität, Innovation und Höchstleistungen benötigt. Auf Basis hoher fachlicher Kompetenzen und Autonomie wird die aufgabenbezogene intrinsische Motivation gefördert und Flow-Zustände können vermehrt auftreten. Empowering Leadership kommt einem zentralen Wunsch von hoch qualifizierten Wissensarbeitern („Leading Einsteins") entgegen, dem Bedürfnis nach Selbstverwirklichung, Autonomie und Selbstkontrolle. Eine ermächtigende Führungskraft teilt sich die Macht, das Wissen und die Kontrolle mit ihren Geführten. Dadurch kann sich ein weiteres innovationsförderliches „Phänomen" entwickeln: Shared Leadership. Hierbei teilen sich die Teammitglieder die Macht und das Wissen. Sie nehmen eine aktive Rolle im Führungsprozess

© Springer Fachmedien Wiesbaden GmbH 2017
M. Furtner, *Empowering Leadership,* essentials,
DOI 10.1007/978-3-658-16060-9_1

ein, wobei sie sich wechselseitig beeinflussen und kontrollieren. Self-Leadership stellt den Kern von Empowering und Shared Leadership dar. Eine Führungskraft muss sich zunächst selbst führen, bevor sie andere Menschen effektiv beeinflussen kann. Sie dient ihren Geführten als positives Rollenmodell und demonstriert ihre Self-Leadership-Fähigkeiten. Dadurch regt sie bei den Geführten die Entwicklung von effektiven selbstbeeinflussenden Strategien an. Damit die Geführten mit einem hohen Entscheidungs- und Handlungsspielraum umgehen können, müssen sie über ausgeprägte Self-Leadership-Fähigkeiten verfügen. In Organisationen gewinnt Self-Leadership sowohl auf der individuellen Ebene (z. B. Selbstorganisation der Arbeitsprozesse), der Gruppenebene (z. B. Empowering Leadership, selbst gemanagte Teams, Shared Leadership) und auf der organisationalen Ebene (z. B. flache Hierarchien, geringe Kontrollspannen, Entwicklung einer leistungsorientierten Self-Leadership-Kultur) zunehmende Bedeutung (vgl. Furtner 2012a). Die Führungskraft fördert und verstärkt die positive Entwicklung von Self-Leadership. Empowering Leadership, Shared Leadership und Self-Leadership sind eng miteinander verbunden.

Um ein umfassendes Verständnis für den Kern von Empowering Leadership und Shared Leadership zu gewinnen, werden in Kap. 2 die Grundlagen von Self-Leadership beschrieben. In Kap. 3 erfolgt eine Einführung in die Funktionsweise von Empowering Leadership. Sowohl die Dimensionen als auch die Prozessentwicklung von Empowering Leadership werden dargelegt. In Kap. 4 werden die Zusammenhänge zwischen Empowering Leadership und Shared Leadership beschrieben und eine nähere Erläuterung der geteilten Führung gegeben. Kap. 5 fokussiert sich auf die Effektivität von Empowering Leadership und in Kap. 6 wird eine abschließende Konklusion gegeben.

Self-Leadership: Basis für Empowering Leadership   2

In ihrer Superleadership-Konzeption beschreiben Manz und Sims (1991) erstmals die besondere Rolle von Self-Leadership für Empowering Leadership. Eine Führungskraft muss sich zunächst selbst führen, bevor sie andere Menschen effektiv führen und beeinflussen kann: „If you want to lead somebody, the first critical step is to lead yourself" (S. 25). Für Manz und Sims (1991) befindet sich der wahre Kern von Leadership innerhalb einer Person (Inner Leadership). Im Idealfall kann die externale Führung die innere Führung einer Person anregen und unterstützen. Das zentrale Ziel von Empowering Leadership liegt demnach darin, die (inneren) Self-Leadership-Fähigkeiten der Geführten anzuregen und zu entwickeln. Doch zunächst muss sich eine Führungskraft selbst führen: Kann eine Führungskraft sich selbst effektiv beeinflussen, so hat dies für Empowering Leadership eine dreifach positive Wirkung: Erstens kann sie sich selbst zielorientiert beeinflussen und ihre persönliche Effektivität steigern (Furtner 2016a; Furtner et al. in Druck). Zweitens dient sie ihren Geführten mit ihren ausgeprägten Self-Leadership-Fähigkeiten als positives Rollenmodell und Vorbild (vgl. Bandura 1986): Sie demonstriert ihre selbstbeeinflussenden Strategien und regt ihre Geführten dazu an, diese nachzuahmen. Das zentrale Ziel einer ermächtigenden Führungskraft liegt darin, die Self-Leadership-Fähigkeiten bei den Geführten zu entwickeln und positiv zu verstärken: „An empowering leader is one who leads others to influence themselves to achieve high performance" (Yun et al. 2006, S. 378). Um genauer zu verstehen, wie Self-Leadership und Empowering Leadership miteinander verbunden sind, ist es in einem ersten Schritt notwendig, sich die zugrunde liegenden Ansätze genauer zu betrachten. Self-Leadership hat sich aufgrund von drei zentralen Basistheorien entwickelt (vgl. Neck und Houghton 2006):

© Springer Fachmedien Wiesbaden GmbH 2017
M. Furtner, *Empowering Leadership,* essentials,
DOI 10.1007/978-3-658-16060-9_2

1. Theorie zur Selbstkontrolle und Selbstmanagement

Self-Leadership entstammt aus dem Selbstmanagement-Ansatz (Manz und Sims 1980), welcher wiederum seine Grundlagen in der klinischen Selbstkontrolltheorie hat (z. B. Cautela 1969). Die Selbstbeeinflussungstechniken von Self-Leadership wurzeln demnach in der kognitiven Verhaltenstherapie, insbesondere der Selbstmanagement-Therapie (Kanfer et al. 2012). Im klinischen Kontext zeigen Selbstmanagement und Selbstkontrolle ihre positiven Effekte insbesondere zur Behandlung von gewohnheitsmäßigen Süchten (z. B. Alkohol, Rauchen, Esssucht) sowie zur Behandlung von Depression, Burn-out, Ängsten und Stress. Mittels Self-Leadership und Selbstmanagement können Menschen demnach bewusste Kontrolle über gewohnheitsmäßige (und bislang unbewusste) Prozesse gewinnen.

2. Selbstregulationstheorie

Die Selbstregulationstheorie von Carver und Scheier (1981, 1998) gibt eine sehr grundlegende Beschreibung, wie sich Menschen selbst zielorientiert beeinflussen können. Die Hauptrollen nehmen hierbei das *Ziel* und die *Beobachtung* des Zielerreichungsprozesses ein. Möchten Menschen einen aktuellen Zustand verändern (z. B. „Ich bin mit meinem Führungsverhalten unzufrieden"), dann können sie sich selbst ein Ziel setzen (z. B. „Ich möchte eine aktive Führungskraft sein und mein Führungsverhalten optimieren"). Mittels der Zielsetzung wird der selbstregulatorische Prozess aktiviert: Die Führungskraft versucht, ihr selbst gesetztes Ziel zu erreichen (z. B. Teilnahme an einem Führungskräfteentwicklungsprogramm). Hierfür muss sie jedoch fortlaufend ihren Zielerreichungsprozess im Auge behalten und überprüfen, ob sie sich tatsächlich ihrem Ziel annähert. Nun kommt das Instrument der *Beobachtung* ins Spiel. Die Führungskraft kann mittels der Selbstbeobachtung ständig bei sich selbst prüfen, ob sie sich ihrem Ziel bereits annähern konnte oder sich sogar davon entfernt hat. Die Selbstbeobachtung ist ein direkt bei sich selbst anwendbares Kontroll- und Feedbackinstrument. Sie ist das einzige Mittel der Führungskraft, mit welchem sie sich unmittelbar selbst Rückmeldung geben und ihre Effektivität steigern kann. Die Führungskraft lernt, sich selbst zu entwickeln.

[Selbstregulation am Beispiel eines Thermostates]

Die menschliche Selbstregulation verhält sich analog zu einem mechanischen Thermostat. Angenommen, der aktuelle Istzustand einer Raumtemperatur beträgt 17°C und der gewünschte Soll-(=Ziel-)Zustand beträgt 23°C. Um den Sollzustand zu erreichen, *vergleicht* ein sensorisches Beobachtungssystem nun fortlaufend den jeweiligen Istzustand (z. B. 19°C) mit dem gewünschten

Sollzustand (23°C). Mittels des Thermostates reduziert sich allmählich der Unterschied (Diskrepanzreduktion) zwischen der jeweils aktuellen Temperatur und dem gewünschten Zielzustand. Um den Unterschied zwischen (gegenwärtigem) Istzustand und dem Sollzustand zu reduzieren, muss eine entsprechende Anstrengung erfolgen. Im Falle einer Heiztherme beginnt diese den Wasserspeicher zu erwärmen. Analog dazu muss ein Mensch die entsprechende Anstrengung unternehmen, um sein Ziel zu erreichen. Ist das Ziel erreicht (d. h. es besteht kein Unterschied mehr zwischen Ist- und Sollzustand), dann benötigt es keine Anstrengung mehr: Die gewünschte Raumtemperatur von 23°C ist erreicht. Erst wenn ein neuer Unterschied zwischen einem aktuellen Zustand und einem Zielzustand wahrgenommen wird, beginnt das Selbstregulationssystem wieder zu arbeiten.

3. Sozial-kognitive Theorie

Die sozial-kognitive Theorie von Bandura (1986) erweitert den regulatorischen Fokus der Selbstregulationstheorie. Nach der sozial-kognitiven Theorie lässt sich die menschliche Motivation auf Basis von internen Einflüssen (Ziele, Gedanken), externen Einflüssen (soziales Umfeld) und dem Verhalten erklären. Menschen setzen sich proaktiv Ziele und können sich selbst kontrollieren. Durch die Zielsetzung erhöhen sie den Unterschied zwischen dem gegenwärtigem Zustand (Istzustand) und dem Zielzustand (Sollzustand). Die zielorientierte und selbstbeeinflussende Veränderung ist von drei Mechanismen abhängig:

Erstens ist die *Selbstbeobachtung* zentrale Grundvoraussetzung dafür, dass sich Menschen motivational beeinflussen können. Die Selbstbeobachtung erfüllt zwei wichtige Funktionen: 1) *Selbstdiagnostische Funktion:* Auf Basis der Selbstbeobachtung können Menschen ihre eigenen Gedanken, ihre Emotionen und ihr Verhalten genauer verstehen. Werden sie mit Ereignissen aus der sozialen Umwelt konfrontiert, dann können sie erkennen, wie sich ihr Denken auf emotionale Zustände, die Motivation und ihr Verhalten auswirkt. Die Selbstbeobachtung liefert demnach einen wichtigen Beitrag zur Selbsterkenntnis und Selbstentwicklung. 2) *Selbstmotivierende Funktion:* Selbstbeobachtung regt die Motivation an. Während des Zielerreichungsprozesses gibt sich eine Person selbst Rückmeldung zu ihrem Leistungsverhalten. Nötigenfalls erhöht sie ihre Leistungsanstrengung, setzt sich herausfordernde Ziele und beurteilt ihren Fortschritt.

Zweitens fördern die *Selbstzielsetzung* und die *Selbstbelohnung* die Motivation zur Leistungsanstrengung. Menschen setzen sich herausfordernde Ziele, beobachten sich selbst und können sich unmittelbar selbst für ein erfolgreich gezeigtes Verhalten belohnen. Dadurch erhöhen sie ihre Selbstmotivation (z. B. Selbstlob: „Ich kann es", „das habe ich sehr gut geschafft") und verstärken sich selbst mit Belohnungen („Nach dieser tollen Leistung gönne ich mir etwas, was mir gut tut").

Drittens streben Menschen nach Handlungen und Zielen, bei welchen sie positive Emotionen erleben können (emotionale Selbstreaktion). Sie nehmen vorweg, wie es sich „anfühlt", wenn sie das erwünschte Ziel erreicht haben (Hoffnung auf Erfolg: „Wenn ich das Ziel erreicht habe, werde ich zufrieden mit mir selbst sein und mich darüber freuen"). Auch die Vorwegnahme von Unzufriedenheit mit einem unerwünschten Ergebnis motiviert zur Zielerreichung. Personen versuchen unerwünschte Zielzustände und die damit einhergehenden negativen Emotionen und Gefühle zu vermeiden (Furcht vor Misserfolg: „Wenn ich das Ziel nicht erreiche, dann bin ich enttäuscht und fühle mich nicht gut").

Eine der wichtigsten selbstbeeinflussenden Techniken von Self-Leadership sind die *natürlichen Belohnungsstrategien* zur Förderung der intrinsischen Motivation. Sie werden sowohl in der sozial-kognitiven Theorie von Bandura (1986) als auch in der Selbstbestimmungstheorie von Deci und Ryan (1987) beschrieben. Bereitet einer Person die Aufgabenbewältigung an sich Interesse, Spaß und Freude, dann kann sich deren intrinsische Motivation entfalten. Sie identifiziert sich mit ihrer Aufgabe und muss sich nicht noch zusätzlich mit extrinsischen („äußeren") Belohnungselementen (z. B. ein gutes Essen, einen schöner Urlaub) motivieren. Die natürlichen Belohnungsstrategien fördern die positive gedankliche und emotionale Ausrichtung auf den Prozess der Aufgabenbewältigung. Nach der Selbstbestimmungstheorie ist es zudem von entscheidender Bedeutung, dass eine Person sich selbst als kompetent wahrnimmt und über eine ausgeprägte Autonomie (hoher Entscheidungs- und Handlungsspielraum) verfügt. Im Rahmen von Empowering Leadership gewährt eine Führungskraft exakt die benötigte Autonomie, damit Personen selbstbestimmt handeln und ihre intrinsische Motivation steigern können. Sind Personen intrinsisch motiviert, dann können diese absolute Höchstleistungen erbringen. Zudem werden das kreatives Potenzial und die Innovationsfähigkeit gefördert.

Self-Leadership ist eine Fähigkeit, welche sich aus einer Vielzahl von selbstbeeinflussenden Strategien zusammensetzt. Der große Vorteil zeigt sich darin, dass Self-Leadership trainiert und entwickelt werden kann (z. B. Furtner 2016a; Furtner und Sachse 2011; Lucke und Furtner 2015):

1. *Verhaltensfokussierte Strategien* (= Selbstmanagement): Diese Strategien beinhalten die Selbstbeobachtung, Selbstzielsetzung, Selbstbelohnung, Selbstbestrafung und Selbsterinnerung. Mittels der *Selbstbeobachtung* erkennt eine Person für sich selbst, welches Verhalten sie ändern oder welches Ziel *(Selbstzielsetzung)* sie sich setzen möchte. Auch während des Zielerreichungsprozesses bleibt die Selbstbeobachtung ständig aufrecht. Ist eine Person mit ihrem

Verhalten zufrieden oder erreicht sie bestimmte Zwischenziele, dann kann sie sich selbst mittels *Selbstbelohnung* positiv verstärken (z. B. Lob, materielle Belohnungen). Ist ein Individuum hingegen mit seinem Verhalten nicht zufrieden, dann besteht die Möglichkeit, das Mittel der *Selbstbestrafung* anzuwenden. Eine „Bestrafung" ist in dem Sinne zu verstehen, dass belohnende Konsequenzen (z. B. ein gutes Essen, Treffen mit Freunden) ausbleiben. Damit eine Person ihr Ziel nicht vergisst und der selbstregulatorische Beobachtungsprozess aufrechterhalten wird, kann sie das Instrument der *Selbsterinnerung* anwenden. Als „innere" Erinnerungshilfe nutzt sie die gedankliche Wiederholung von Ziel- und Leitgedanken. Als „äußere" Erinnerungshilfe können beispielsweise Poster, Notizbücher, Smartphones und Audio-Aufnahmen dienen. Besteht eine passende Vertrauensbeziehung im sozialen Umfeld (Freunde, Verwandte, Bekannte), dann können andere Personen ebenfalls als Erinnerungshilfe genutzt werden. Hierfür muss das Ziel klar kommuniziert werden.

2. *Natürliche Belohnungsstrategien:* Zur Entwicklung der intrinsischen Motivation und von Flow-Zuständen können die natürlichen Belohnungsstrategien eingesetzt werden. Sie fördern die positive gedankliche Ausrichtung auf aufgabenbezogene Prozesse. Das Ziel liegt darin, dass eine Person Interesse, Spaß und Freude an der eigentlichen Aufgabenbearbeitung findet. Einerseits kann sie sich auf die positiven („sinnhaften") Aspekte einer Arbeitsaufgabe fokussieren (und die negativen ausblenden) und andererseits in sich belohnende Elemente in die Arbeitsaufgabe mit einbauen. Das heißt, spielt eine Person in der Freizeit beispielsweise mit Vorliebe Schach oder meditiert sie gerne, dann kann sie in Arbeitspausen beispielsweise Blitzschach spielen oder eine entspannende Atemübung durchführen. Dadurch wird die Arbeitsaufgabe mit natürlich (intrinsisch) belohnenden Elementen assoziiert. Im Laufe der Zeit überträgt sich die natürliche Belohnung auch auf die Arbeitsaufgabe.

3. *Konstruktive Gedankenmusterstrategien:* Sie beinhalten die *Visualisierung erfolgreicher Leistung, Selbstgespräch* und *Überzeugungen und Sichtweisen bewerten.* Diese Strategien liefern eine weitere Unterstützung zur konstruktiven gedanklichen Selbstbeeinflussung. Mittels der Nutzung der mentalen Vorstellungskraft stellt sich eine Person plastisch vor, wie sie ein Ziel bereits erfolgreich erreicht hat. Auf Basis der *Visualisierung erfolgreicher Leistung* steigert eine Person sowohl ihre Selbstwirksamkeit (= Glaube an die eigenen Fähigkeiten), dass sie das gesetzte Ziel tatsächlich erreichen kann als auch ihre Selbstmotivation. Um sich selbst zu motivieren und positiv zu verstärken, kann sie auch (laute und leise) *Selbstgespräche* nutzen („Das habe ich sehr gut

gelöst", „Ich weiß einfach, dass ich das gut kann", „Ich schaffe das"). Häufig unbemerkt und demnach unbewusst, wirken sich alt eingesessene *Überzeugungen und Sichtweisen* (Einstellungen und Gewohnheiten) hinderlich auf die Zielverfolgung aus. Eine Person kann darüber nachdenken, welche destruktiven Gedanken bislang möglicherweise hinderlich für den Erfolg waren. Destruktive Vorstellungen sollen durch konstruktive Gedanken ersetzt werden. Somit wandelt sie ein „Hindernis-Denken" in ein „Chancen-Denken" um.

Self-Leadership zeigt eine Vielzahl von positiven Auswirkungen auf die individuelle Leistung (z. B. Furtner et al. 2015; Lucke und Furtner 2015) und die Teamleistung (Hauschildt und Konradt 2012; Konradt et al. 2009). Auf der Teamebene benötigt es jedoch bestimmte Voraussetzungen, dass Personen mit hohen Self-Leadership-Fähigkeiten sich für die Teamleistung engagieren. Neben der Arbeitszufriedenheit (Stewart und Barrick 2000) sind dies insbesondere ein ermächtigendes Führungsverhalten (z. B. Manz und Sims 1991; Yun et al. 2006) und die organisationale Struktur. Personen mit hohen Self-Leadership-Fähigkeiten folgen dem klassischen arbeitspsychologischen Menschenbild des „Self-actualizing Man". Diesem Menschenbild zufolge streben Menschen nach Selbstverwirklichung, Autonomie und Selbstkontrolle. Sie fühlen sich besonders in Organisationsstrukturen mit geringen Kontrollspannen und flachen Hierarchien wohl. Hier zeigen Personen mit ausgeprägten Self-Leadership-Fähigkeiten hohe Individual- und Teamleistungen. Zudem wird die Kreativität und Innovationsfähigkeit gefördert (Carmeli 2006; DiLiello und Houghton 2006). Personen mit hervorragenden Self-Leadership-Fähigkeiten streben nach einem hohen Entscheidungs- und Handlungsspielraum. Hierfür benötigt es mit Empowering Leadership ein sehr spezifisches Führungsverhalten. Die Führungskräfte teilen sich die Macht, das Wissen und die Kontrolle mit den Geführten. Sie gewähren ein großes Ausmaß an Autonomie, schenken ihren Geführten das nötige Vertrauen und verbleiben auf subtile und einfühlsame Art und Weise im Hintergrund. Dies bedeutet nicht, dass die formale Führung im Rahmen von Empowering Leadership vollkommen ersetzt werden kann oder soll. Nach dem Ansatz der Führungssubstitution von Kerr und Jermier (1978) kann Self-Leadership die formale Führung zwar temporär ersetzen, es zeigt seine Stärken insbesondere dann, wenn es Empowering Leadership ergänzt. Nach Podsakoff, MacKenzie und Bommer (1996) wirkt ein Führungssubstitut (z. B. Self-Leadership) unterstützend auf die formale Führung ein. Dies bedeutet, dass Self-Leadership und Empowering Leadership gemeinsam einen stärkeren Beitrag zu einer höheren Arbeitszufriedenheit und -leistung beitragen können (vgl. Furtner et al. in Druck).

Empowering Leadership 3

3.1   Empowering Leadership: Einführung

Empowering Leadership stellt eine Weiterentwicklung des Superleadership-Gedankens von Manz und Sims (1991) dar. Der Begriff Superleadership ist unglücklich gewählt, da er rasch zu einer Fehlinterpretation des zugrunde liegenden Gedankens führen kann: Superleadership bedeutet keine „heldenhafte" Form von Führung, bei welcher *eine* „übermenschliche" Führungskraft die Geschicke einer Organisation steuert. Vielmehr stellt sich die Führungskraft in den Dienst der Organisation und der Geführten: Superleadership beteiligt alle Organisationsmitglieder am Führungsprozess. Das heißt, die Führungskraft teilt sich die Macht mit ihren Geführten. Sie gewährt Autonomie und fördert die Entwicklung der Self-Leadership-Fähigkeiten der Geführten („Leading others to lead themselves", Pearce und Sims 2002).

Im Kern bedeutet Empowering Leadership, dass sich die Führungskraft die Macht, das Wissen, die Kontrolle und demnach die Führung mit ihren Mitarbeitenden teilt. Unter geeigneten organisationalen Rahmenbedingungen (z. B. dezentralisierte Organisationsstruktur mit weiten Kontrollspannen) gewährt die Führungskraft einen hohen Entscheidungs- und Handlungsspielraum. Die Führungskraft setzt auf eine hohe Selbstbestimmung und Eigenverantwortung der Geführten. Entgegen dem Motto „Vertrauen ist gut, Kontrolle ist besser" verringert eine ermächtigende Führung ihre Kontrollaktivitäten bezüglich des Leistungsfortschrittes auf ein Minimum und setzt ein hohes Vertrauen in die Geführten. Eine ermächtigende Führungskraft liefert den geeigneten Rahmen, damit sich hoch qualifizierte und sich selbst führende Mitarbeitende entfalten können. Durch den hohen Grad an Selbstbestimmung und Autonomie kann sich die aufgabenbezogene intrinsische Motivation vergrößern, welche wiederum zu

© Springer Fachmedien Wiesbaden GmbH 2017
M. Furtner, *Empowering Leadership,* essentials,
DOI 10.1007/978-3-658-16060-9_3

einem erhöhten Flow-Erleben führt. Dadurch steigert sich wiederum die Kreativität und Innovationsfähigkeit der Geführten.

Empowering Leadership wird der postheroischen Phase der Führungsforschung zugeordnet. Hingegen zählt die transformationale (charismatische) Führung zur heroischen Phase der Führungsforschung, welche seit 30 Jahren die Führungsforschung dominiert. Die transformationale Führung hat in der Forschung zwar schon ihren Zenit erreicht, dennoch hat kein anderes Konzept in der Führungsforschung so viel Beachtung erfahren (Furtner 2016b). Die charismatischen Führungsansätze beschreiben eine romantische und idealisierte Form von Führung. Ihre Vorbilder liegen in jenen einflussreichen und mächtigen Personen, welche die Geschichte der Menschheit seit jeher dominiert und geprägt haben: Helden, Märtyrer, Heilige, politische und religiöse Größen, welche höchsten Ruhm und Erfolg erlangten, wird das sagenumwobene Charisma zugeschrieben. Der zentrale Fokus liegt in der Macht und Stärke von *einer* einflussreichen Führungskraft. Kritiker bemängeln, dass ein solch komplexes Konzept wie „Führung" nicht nur auf eine einzige Person alleine reduziert werden kann. Leadership kennzeichnet immer das komplexe gegenseitige Beeinflussungsgeflecht von zumindest zwei oder mehreren Personen (Crevani et al. 2007). Die postheroische Phase der Führungsforschung fokussiert sich stärker auf den wechselseitigen organisationalen Beeinflussungsprozess und die Geführten. Empowering Leadership, Self-Leadership und Shared Leadership setzen direkt auf dieser Ebene an: Alle Organisationsmitglieder sind am Führungsprozess beteiligt. Idealerweise teilen sie sich in gegenseitiger Interaktion die Macht, das Wissen, die Kontrolle und demnach die Führung. Auf den ersten Blick erscheint dies ein relativ radikaler Ansatz zu sein. Die Vorteile liegen jedoch auf der Hand: Eine Organisation begibt sich nicht in die Abhängigkeit von einer zentralen (charismatischen) Führungskraft, welche bei Austritt aus der Organisation möglicherweise ein riesiges Machtvakuum hinterlässt. Hat eine Führungskraft in einer Organisation zu viel Macht und Einfluss, dann hängt der Erfolg oder Misserfolg eben von dieser einen Person ab. Am Beispiel von Steve Jobs wird deutlich, wie schmerzhaft der Verlust einer charismatischen und narzisstischen Führungskraft an der Spitze einer Organisation sein kann. In wenigen Jahrzehnten führte Steve Jobs Apple zu einem der erfolgreichsten Unternehmen. Am Beispiel von ihm zeigt sich jedoch auch eindrücklich, dass die Abhängigkeit von einer Organisation an eine „heroische" Führungskraft auch ihre „Schattenseiten" haben kann. Der Erfolg von Apple steht in enger Verbindung zum visionären Einfluss von Steve Jobs, wobei die zukünftige Entwicklung von Apple zeigen wird, wie gut das Unternehmen tatsächlich seinen frühzeitigen Tod verkraftet (Furtner 2016b; Isaacson 2011; Shah und Mulla 2013).

Die zentrale Abhängigkeit einer Organisation von einer „allmächtigen" charismatischen und transformationalen Führungskraft zeigt sich nicht nur in deren grandiosen Visionen und Taten: Für Pearce und Manz (2014) besteht für Organisationen eine große Gefahr darin, dass die mächtige Führungskraft unethisches oder sogar antisoziales Verhalten zeigt und der Organisation großen Schaden zufügen kann. Nach Pearce et al. (2008) können Empowering Leadership und Shared Leadership das Korruptionspotenzial von Führungskräften abschwächen oder sogar verhindern. Eine zentrale Machtkonzentration innerhalb einer Organisation kann leicht zu korruptem Verhalten führen. Nicht überraschend bemerkt Clement (2006), dass 40 von 100 der weltweit umsatzstärksten Unternehmen von unethischen Verhaltensweisen berichten. Empowering Leadership und Shared Leadership nutzen das Instrument der wechselseitigen Kontrolle, dadurch kann einerseits eine zu starke Machtkonzentration, welche in der Hand einer Person liegt, verhindert und das Korruptionspotenzial einer Organisation abgeschwächt werden.

In der nachfolgenden Tab. 3.1 werden die zentralen Unterschiede zwischen der heroischen und der postheroischen Führung gegenüber gestellt (vgl. Furtner und Baldegger 2016; Furtner et al. in Druck).

Tab. 3.1 Heroische versus postheroische Führung. (in Anlehnung an Crevani et al. 2007)

Heroische Führung (z. B. transformationale und charismatische Führung)	Postheroische Führung (z. B. Empowering Leadership)
• Zentrale Verantwortung liegt bei *einer* Führungskraft	• Zentrale Verantwortung liegt sowohl in der Führungskraft als auch in den Geführten
• Die Organisationsmitglieder fokussieren sich auf die charismatische und visionäre Führungskraft	• Zentraler Fokus liegt auf der Selbstentwicklung der Geführten
• Wissen, Macht und Kontrolle liegen in der Hand der Führungskraft	• Wissen, Macht und Kontrolle werden zwischen der Führungskraft und den Geführten geteilt
• Die Führungskraft muss eine hohe Präsenz zeigen	• Die Geführten erbringen relativ unabhängig von der Führungskraft eine hohe Leistung
• Abhängigkeit und Hilflosigkeit, wenn die charismatische Führungskraft aus der Organisation ausscheidet	• Geringe organisationale Abhängigkeit von der Führungskraft
• Individualismus und Dominanz	• Kollektivismus und Zusammenarbeit
• „Nur mit mir seid Ihr stark"	• „Mit mir seid Ihr stark, gemeinsam sind wir stärker"

Bei Empowering Leadership besteht die Gefahr, dass es mit einem sehr inaktiven und passiven Führungsverhalten verwechselt werden kann, der Laissez-faire Führung. Bei der Laissez-faire-Führung darf grundsätzlich nicht mehr von Führung gesprochen werden, da die zielorientierte Fremdbeeinflussung vollkommen ausbleibt: Eine Laissez-faire-Führungskraft kann oder will nicht führen. Demnach wird die Laissez-faire-Führung häufig als „Non-Leadership" bezeichnet. Die Gründe, weshalb eine Führungskraft nicht führen kann oder möchte, sind vielfältig: Erstens kann sie über ein hohes Anschlussmotiv verfügen. Das heißt, sie möchte keine Konflikte riskieren, keine unangenehmen Entscheidungen fällen und bei allen Mitarbeitenden akzeptiert werden und beliebt sein (vgl. Furtner 2012b). Zweitens kann die Laissez-faire-Führungskraft auch rein machiavellistische Interessen verfolgen und die erlangte „Führungsposition" nach außen hin „vertreten" und „verkaufen". Dennoch fehlt ihr das grundlegende Interesse, andere Menschen zielorientiert zu beeinflussen und zu führen (Furtner 2016b; Furtner und Baldegger 2016). Drittens kann ein zentraler Grund darin liegen, dass eine Laissez-faire-Führungskraft nicht erlernt hat und darum nicht weiß, *wie* sie andere Menschen effektiv beeinflussen und führen kann. Eine mögliche Ursache hierfür liegt darin, dass sie nur über geringe Self-Leadership-Fähigkeiten verfügt. Sie kann sich selbst keine Ziele setzen und sich nicht entsprechend für ihre Führungsaufgaben motivieren (Furtner et al. 2013). Nachfolgend werden unterschiedliche Beispiele der Laissez-faire-Führung beschrieben:

[Laissez-faire-Führung mit geringen Self-Leadership-Fähigkeiten]

In einer Organisation wird eine Fachkraft, welche Spitzenleistungen erbracht hat, auf eine Führungsebene „befördert" und somit für ihre herausragenden Leistungen belohnt. Sie erbringt zwar auf fachlicher Ebene bemerkenswerte Leistungen, weiß jedoch nicht, wie andere Menschen effektiv beeinflusst und geführt werden sollen. In einem Familienunternehmen werden die möglichen Nachfolger relativ rasch auf höheren Führungspositionen platziert, möglicherweise sind sie jedoch mit dieser Position oder generell mit Führung überfordert. In einer Organisation kann auch geschehen, dass Personen aus politischen Gründen (z. B. „Vitamin-B", besondere Beziehungen) Führungspositionen erlangen, denen sie nicht gewachsen sind.

In den oben genannten Fällen kann ein Führungskräfteentwicklungsprogramm (zumindest ab den mittleren Kaderpositionen) mit einem grundlegenden Fokus auf die selbstbeeinflussenden Self-Leadership-Strategien dazu verhelfen, dass die Führungskräfte erlernen, wie sie sich selbst effektiv führen und ihre Mitarbeitenden zielorientiert beeinflussen und motivieren. Generell zeigt die Laissez-faire-Führung sehr negative Auswirkungen auf die Geführten und die Organisation: Die Geführten zeigen eine geringere Arbeitszufriedenheit und -leistung. Ihre massive Unzufriedenheit mit einer „schwachen" Führungskraft, welche sich nicht für ihre Arbeitsleistung interessiert, äußert sich in einer größeren Zahl an Krankenständen und einer höheren Fluktuation.

Bei Führung ist es letztendlich nicht entscheidend, wie eine Führungskraft sich selbst beschreibt, sondern wie die Geführten das Führungsverhalten ihrer Führungskraft wahrnehmen. Wong und Giessner (in press) haben sich eingehend mit der Verwechslungsgefahr zwischen Empowering Leadership und der Laissez-faire-Führung beschäftigt. Oberflächlich betrachtet verfügen die Geführten sowohl bei Empowering Leadership als auch bei der Laissez-faire Führung über einen hohen Grad an Autonomie. In der Tiefe zeigt sich jedoch der entscheidende motivationale Unterschied: Während eine Laissez-faire-Führungskraft sich nicht für eine effektive Fremdbeeinflussung interessiert oder diese nicht anwenden kann, findet die zielorientierte Fremdbeeinflussung bei Empowering Leadership statt. Eine ermächtigende Führungskraft weiß, wie sie sich selbst und andere Personen effektiv beeinflussen kann. Sie setzt ein hohes Vertrauen in die Geführten, damit diese die gemeinsam gesetzten Ziele erreichen können und fördert die Selbstentwicklung der Geführten. Zur Gewährleistung einer hohen Autonomie verbleibt sie während des Zielerreichungsprozesses subtil im Hintergrund. Sie reduziert ihre Kontrollaktivitäten auf ein Minimum und fokussiert sich auf die Bewertung der Leistungsergebnisse. Eine ermächtigende Führungskraft agiert in der Rolle als Coach und Trainer, welche ihr zentrales Ziel darin verfolgt, die Geführten zu einem selbstständigen, kreativen und autonomen Arbeiten anzuregen. Sie fördert die Self-Leadership-Fähigkeiten der Geführten, damit diese selbstbestimmt mit einem hohen Entscheidungs- und Handlungsspielraum umgehen und ihre Leistungen optimieren können (Yun et al. 2006).

Bezogen auf den situativen Kontext und die „Reife" der Geführten ist es wichtig, dass eine Führungskraft die „Empowerment-Erwartungen" der Geführten erfüllt. Zeigt eine Führungskraft ein hohes Empowering Leadership und können die Geführten (z. B. aufgrund ihrer Fähigkeiten und Kompetenzen) nicht mit einem hohen Grad an Autonomie umgehen, dann schreiben sie ihrer Führungskraft ein Laissez-faire-Führungsverhalten zu. Aufgrund ihres „Reifegrades" fühlen sie sich in einem klar strukturierten Umfeld mit eindeutigen Zielvorgaben wohler. Möglicherweise wirken sich hohe Kontrollaktivitäten der Führungskraft sogar unterstützend auf die Motivation der Geführten aus. Hierfür bietet sich ein autoritäres (direktives) oder transaktionales Führungsverhalten an (Furtner et al. in Druck). Damit die Geführten mit einem hohen Grad an Autonomie umgehen können, müssen sie zunächst ihre Self-Leadership-Fähigkeiten und Kompetenzen entwickeln. Die Führungskraft benötigt hierfür das nötige „Feingefühl", wann die Zeit dafür reif ist, sodass die Mitarbeitenden selbstbestimmt mit einer hohen Autonomie umgehen können. Als Grundvoraussetzungen sind ein entsprechendes fachliches Wissen und die nötige Erfahrung erforderlich, damit sie eine hohe Arbeitsleistung in einem autonomen Umfeld erbringen können. Sind die Empowerment-Erwartungen (z. B. hoch qualifizierte Wissensarbeiter, ausgeprägte Self-Leadership-Fähigkeiten, hohes Autonomiebedürfnis) der Geführten sehr hoch und kann die Führungskraft mit ihrem Führungsverhalten dieses starke Bedürfnis nach Autonomie nicht erfüllen, dann schreiben die Geführten ihr ebenfalls ein Laissez-faire-Führungsverhalten zu. Die Führungskraft sollte demnach besonders darauf achten, dass sie ihr ermächtigendes Führungsverhalten fein dosiert und die Bedürfnisse, das Wissen, die Fähigkeiten und die Kompetenzen der Geführten richtig einschätzen kann (Wong & Giessner, in press).

3.2   Empowering Leadership: Dimensionen und Prozessentwicklung

Pearce und Sims (2002) beschreiben sechs Dimensionen von Empowering Leadership, welche sich eng an die Superleadership-Konzeption anlehnen:

1. *Partizipative Zielsetzung.* Leistungsziele werden in einem gemeinschaftlichen Prozess zwischen Führungskraft und Geführten vereinbart.
2. *Ermutigung zum autonomen Handeln.* Die Führungskraft spornt die Geführten an, selbstständig nach Lösungen für Probleme zu suchen. Sie setzt sich aktiv für einen hohen Entscheidungs- und Handlungsspielraum der Geführten ein.
3. *Ermutigung zur Selbstbelohnung.* Die Führungskraft motiviert ihre Geführten dazu, sich selbst zu belohnen, wenn diese eine Aufgabe besonders gut gemacht haben.
4. *Ermutigung zum „Chancen-Denken".* Die Führungskraft verstärkt die positive Sichtweise der Geführten. Beispielsweise sollten Probleme nicht als Hindernisse, sondern als Chancen gesehen werden.

5. *Förderung der Selbstentwicklung.* Die Führungskraft ermutigt die Geführten, ihre Self-Leadership-Fähigkeiten und ihre Fertigkeiten zu entwickeln.
6. *Förderung der Teamarbeit.* Die Führungskraft ermutigt ein Individuum, dass es insbesondere in Teamarbeit Höchstleistungen erbringen kann.

Die Beschreibung der sechs Dimensionen von Empowering Leadership nach Pearce und Sims (2002) zeigt relativ eindeutig die Funktionsweise von Empowering Leadership auf. In einem gemeinsamen Zielsetzungsprozess werden die organisationalen Ziele, die Ziele der Führungskraft und die Selbstziele der Geführten miteinander in Beziehung gesetzt. Ein zentrales Merkmal von Empowering Leadership ist, dass keine direkten Zielvorgaben, sondern ein gemeinsamer Zielsetzungsprozess verfolgt wird. Zudem ermutigt die Führungskraft ihre Geführten zum selbstständigen Handeln. Die Gewährung von Autonomie ist demnach das zweite Schlüsselmerkmal von Empowering Leadership. Damit die Geführten relativ autonom ihrer Arbeit nachgehen können, müssen sie zunächst lernen, *wie* sie mit einem hohen Entscheidungs- und Handlungsspielraum umgehen können. Hierfür demonstriert die Führungskraft ihre Self-Leadership-Fähigkeiten und fördert und verstärkt die Self-Leadership-Fähigkeiten der Geführten. Die Führungskraft nimmt hierbei die Rolle des Trainers, Coaches und Lehrers ein. Verfügen die Geführten über ein hohes Ausmaß an selbstbeeinflussenden Strategien, dann können sie auch mit der entsprechenden Autonomie effektiv umgehen. Die Dimension „Förderung der Arbeit in Teams" verweist auf die letzte entscheidende Komponente im Empowering-Leadership-Prozess: Shared Leadership. Eine Führungskraft mit einem ermächtigenden Führungsverhalten fördert nicht nur die individuellen Self-Leadership-Fähigkeiten, sie ermutigt die Geführten in Teams aktiv dazu, sich die Führung, Macht und Kontrolle zu teilen. In einem Shared-Leadership-Team entsteht ein dynamisch wechselseitiger Beeinflussungsprozess. Die Führungskraft verbleibt achtsam und subtil im Hintergrund. Ihre Hauptaufgabe liegt nicht in der prozessorientierten Leistungskontrolle der Geführten. Sie bringt sich konstruktiv unterstützend in den Zielerreichungsprozess mit ein. Kontrolliert und bewertet wird jedoch schlussendlich das Leistungsergebnis.

Arnold et al. (2000) gehen davon aus, dass Empowering Leadership von fünf zentralen Dimensionen repräsentiert wird. In einigen Dimensionen ergänzen sie die Sichtweise der ermächtigenden Führung (vgl. Pearce und Sims 2002):

1. *Partizipative Entscheidungsfindung.* Die Führungskraft ermutigt die Teammitglieder im Problemlöseprozess, aktiv eigene Ideen und Anregungen zu nennen.

2. *Positives Vorbild.* Eine ermächtigende Führungskraft setzt sich selbst hohe Maßstäbe für ihr Ziel- und Leistungsverhalten. Sie agiert als positives Rollenmodell (vgl. Bandura 1986) und investiert ihre gesamte Energie und Anstrengung in die Arbeit („Leading by Example").
3. *Coaching.* Die Führungskraft unterstützt das Team und zeigt Entwicklungsmöglichkeiten auf. Sie betont die hohe Eigenverantwortung und fördert die Selbstständigkeit der Geführten.
4. *Informieren.* In einem Top-Down-Prozess enthält eine Führungskraft aus machtpolitischem Kalkül strategische Unternehmensentscheidungen ihren Teammitgliedern nicht vor. Sie teilt sich ihre Macht und ihr Wissen mit den Geführten und vermittelt einfach und verständlich die Vision, die Mission sowie die Philosophie der Organisation.
5. *Anteilnahme zeigen/ Interaktion mit dem Team.* Die Führungskraft kümmert sich um die Bedürfnisse und Sorgen der Geführten. Sie fördert das Wohlbefinden in Teams und als aktive Führungskraft ist ihr bewusst, welche Arbeit im Team gerade erledigt wird.

Amundsen und Martinsen (2014) beschreiben zwei zentrale Schlüsseldimensionen, welche Empowering Leadership repräsentieren: 1) *Unterstützung von Autonomie* und 2) *Unterstützung der Selbstentwicklung.* Dadurch wird nochmals der Grundgedanke von Empowering Leadership klar: Eine ermächtigende Führungskraft gewährt in einem ersten Schritt eine hohe Autonomie, damit sich die Geführten (in Teams) optimal entfalten können und achtet in einem zweiten Schritt darauf, dass diese nicht hilflos sich selbst überlassen werden. Sie fördert aktiv die Self-Leadership-Fähigkeiten und die Selbstentwicklung der Geführten. Einerseits kommt Empowering Leadership den Bedürfnissen von hoch qualifizierten Wissensarbeitern entgegen, dem Wunsch nach Selbstbestimmung, Autonomie, einer hohen Bedeutsamkeit der Aufgabe und der Entwicklung einer intrinsischen Arbeitsmotivation (aufgabenbezogenes Interesse, Erleben von Spaß und Freude bei der Arbeit). Andererseits fördert eine ermächtigende Führungskraft durch ihr Verhalten in hohem Ausmaß die Kreativität, Innovationsfähigkeit und Leistung in Teams. Shared-Leadership-Teams zeichnen sich durch besonders innovative Spitzenleistungen aus. Insbesondere in jenen Kontexten (z. B. Forschung und Entwicklung), in welchen Innovation und Höchstleistungen zur Bewältigung von komplexen Arbeitsaufgaben im Vordergrund stehen, stellt Empowering Leadership das Führungsverhalten der Wahl dar.

Manz und Sims (1991) beschreiben in ihrer Superleadership-Konzeption ein siebenstufiges Prozessmodell zur Entwicklung von Empowering Leadership.

Nach dem Motto „Leading yourself and leading others to lead themselves" stellt Self-Leadership eine Schlüsselkomponente zur Förderung von Empowering Leadership dar (vgl. Furtner und Baldegger 2016; Furtner et al. in Druck):

- **STUFE 1: Entwicklung der Self-Leadership-Fähigkeiten der Führungskraft**
  Sowohl Wissenschaftler (z. B. Furtner et al. 2013; Manz und Sims 1991) als auch Praktiker (z. B. Visa-Gründer Dee Hock) gehen davon aus, dass sich Führungskräfte zunächst selbst effektiv beeinflussen und führen müssen, bevor sie andere Menschen wirksam führen können. Führungskräfte müssen sich zunächst selbst Ziele setzen, ihr Führungs- und Leistungsverhalten beobachten sowie optimieren und sich selbst für ihre Führungsaufgaben positiv verstärken und motivieren. Furtner (2012a) und Furtner et al. (2013) konnten belegen, dass sich bei Führungskräften insbesondere die natürlichen Belohnungsstrategien von Self-Leadership positiv auf die Wahrnehmung der Geführten auswirken: Die Geführten schreiben ihrer Führungskraft ein aktives und effektives Führungsverhalten zu. Dadurch identifizieren sich die Geführten wiederum mit ihrer Führungskraft. Sie wird als charismatisch wahrgenommen. Nach der sozial-kognitiven Theorie von Bandura (1986) agieren Führungskräfte als positives Rollenmodell und Vorbild. Wenden Führungskräfte die natürlichen Belohnungsstrategien aktiv an, dann steigern sie dadurch direkt ihre intrinsische Motivation. Sie haben Spaß und Freude an ihrer Führungsaufgabe und ihre positiven Emotionen übertragen sich direkt auf die Geführten. Die Begeisterung der Führungskraft wirkt wie eine Art „inneres Feuer", welches sich rasch nach außen verbreitet und ansteckend auf die Geführten wirkt. Die Self-Leadership-Fähigkeiten der Führungskraft können spezifisch trainiert werden: Self-Leadership ist eine Fähigkeit und Kompetenz, welche entwickelt und in ein spezifisches Führungskräfteentwicklungsprogramm integriert werden kann (Furtner 2016b; Furtner und Sachse 2011; Lucke und Furtner 2015).
- **STUFE 2: Die Führungskraft demonstriert ihre Self-Leadership-Fähigkeiten**
  Indem eine ermächtigende Führungskraft ihren Geführten eine hohe Autonomie gewährt, ist es von entscheidender Bedeutung, dass diese sich selbst effektiv beeinflussen und führen können. Eine Führungskraft, welche über hohe Self-Leadership-Fähigkeiten verfügt, kann diese in ihrer Funktion als Coach und Trainer positiv vorleben und demonstrieren. Können sich die Geführten mit ihrer Führungskraft identifizieren (Furtner 2016b), dann versuchen die Geführten sie nachzuahmen. Gepaart mit den Idealen, den Werten

und dem gezeigten Leistungsverhalten werden die Self-Leadership-Fähigkeiten der Führungskraft imitiert. Möglicherweise verfügen die Geführten bereits über eine bestimmte Ausprägung an selbstbeeinflussenden Strategien, welche sie jedoch unsystematisch und vorwiegend unbewusst anwenden. Beispielsweise nutzt eine Mitarbeiterin bereits sehr häufig unbewusst die Selbstbelohnung. Da ihr diese Technik jedoch nicht bewusst ist, setzt sie diese möglicherweise sehr unsystematisch ein. Zudem sind ihr die Nutzung der natürlichen Belohnungsstrategien und der Selbstbeobachtung noch völlig unbekannt. Die Führungskraft betont und verstärkt die Anwendung der Self-Leadership-Strategien. Dadurch können diese von den Geführten systematisch und bewusst eingesetzt werden.

- **STUFE 3: Die Führungskraft ermutigt zur Selbstzielsetzung**
  In einem partizipativen Zielsetzungsprozess setzt die Führungskraft die organisationalen Ziele mit den Selbstzielen der Geführten in Beziehung. Die Führungskraft zeigt auf, *wie* sich die Geführten selbst Ziele setzen können. Identifizieren sich die Geführten mit einem Ziel und nehmen sie es selbstbestimmt wahr, dann können sie relativ autonom zu Höchstleistungen angetrieben werden. Die Führungskraft nimmt sich als zentrale Kontrollinstanz heraus und beurteilt die Leistungsresultate. Durch ihre relativ geringen Kontrollaktivitäten werden für die Führungskraft personale und zeitliche Ressourcen frei, welche sie effektiv für die Optimierung ihrer Führungsprozesse einsetzen kann.

- **STUFE 4: Die Führungskraft vermittelt und fördert positive Gedanken**
  Destruktive Gedanken wirken sich hinderlich auf die intrinsische Motivation und die damit einhergehenden Flow-Zustände aus. Da sich destruktive Gedanken nur wenig förderlich auf die Selbstmotivation auswirken, sind Höchstleistungen kaum zu erreichen. Alt eingesessene, unbewusste und destruktive Gedanken können sich hemmend auf den Zielerreichungsprozess auswirken. Die Führungskraft weist darauf hin und fördert die Reflexionsfähigkeiten der Geführten. Diese sollen sich ihrer destruktiven Gedanken bewusst werden und – mittels leisen und lauten Selbstgesprächen – konstruktive Gedanken entwickeln. Sobald destruktive Gedanken aus dem unbewussten System auftauchen, sollen diese durch konstruktive Gedanken (positive Ziel- und Leitsätze) ersetzt werden. Auf Basis der Rahmenbedingungen (hohe Autonomie und Selbstbestimmung) und mittels einer positiven gedanklichen Ausrichtung können die Geführten ihre aufgabenbezogene intrinsische Motivation steigern und vermehrt in Flow-Zustände eintreten (Furtner 2012; Furtner et al. 2015). Hierfür eignen sich insbesondere die natürlichen Belohnungsstrategien, welche sich positiv auf die intrinsische Motivation bei der Arbeit auswirken können.

- **STUFE 5: Die Führungskraft verstärkt die Self-Leadership-Fähigkeiten der Geführten**
  Zur Förderung der Selbstentwicklung der Geführten nutzt die Führungskraft insbesondere die extrinsischen Belohnungselemente (z. B. Lob, Gutscheine, finanzielle Anreize) der operanten Konditionierung. Setzen die Geführten erfolgreich ihre Self-Leadership-Fähigkeiten ein, dann verstärkt die Führungskraft dieses Verhalten, indem sie die positive Entwicklung unmittelbar darauf belohnt. Dies wiederum erhöht die Wahrscheinlichkeit, dass die Geführten ihre Self-Leadership-Fähigkeiten weiter entwickeln und in Zukunft auch einsetzen. Wichtig ist, dass hierbei die Geführten lernen, wie sie sich mittels Selbstbelohnung und konstruktiven Selbstgesprächen positiv motivieren und belohnen können. Dadurch verstärkt nicht nur die Führungskraft die Self-Leadership-Fähigkeiten der Geführten, sie können sich auch selbst zielorientiert beeinflussen und motivieren.

- **STUFE 6: Die Führungskraft fördert die Self-Leadership-Fähigkeiten in Teams**
  Die sechste Stufe im siebenstufigen Prozessmodell von Superleadership ist eine zentrale Basis für die Entwicklung von Shared Leadership in Teams. Sollen sich die Geführten tatsächlich die Führung, das Wissen und die Macht in Teams teilen, dann setzt dies eine hohe Selbstverantwortung im Umgang mit einem ausgeprägten Entscheidungs- und Handlungsspielraum voraus. Verfügen die Geführten in Shared-Leadership-Teams über hohe Self-Leadership-Fähigkeiten, dann können sie 1) mit der entsprechenden Autonomie effektiv umgehen, 2) sich wechselseitig motivieren und kontrollieren und 3) voneinander lernen sowie gegenseitig ihre Self-Leadership-Fähigkeiten demonstrieren. Self-Leadership stellt demnach nicht nur die zentrale Kernkomponente von Empowering Leadership, sondern auch von Shared Leadership dar.

- **STUFE 7: Die Führungskraft fördert eine organisationale Self-Leadership-Kultur**
  Eine ermächtigende Führungskraft liefert einen aktiven Beitrag zur Förderung einer organisationalen Self-Leadership-Kultur. Hierfür ist es jedoch nötig, dass die strategische, strukturelle und kulturelle Ausrichtung einer Organisation dies zulässt. Damit sich tatsächlich eine organisationale Self-Leadership-Kultur entwickeln kann, benötigt es die Unterstützung der absoluten Führungsspitze einer Organisation. In einem Top-Down-Prozess wird Empowering Leadership in den Ebenen gefördert und eine organisationale Self-Leadership-Kultur etabliert. In Anlehnung an Manz und Sims (1991) müssen sich Führungskräfte zunächst selbst effektiv beeinflussen und führen, bevor sie andere Menschen wirksam führen können. Sie machen sich der selbstbeeinflussenden

Strategien bewusst und demonstrieren diese erfolgreich bei ihren Mitarbeitenden. Führungskräfte verstärken die Self-Leadership-Fähigkeiten ihrer Geführten, indem sie deren Anwendung fördern und positiv verstärken. Verfügen die Führungskräfte über ausgeprägte Self-Leadership-Fähigkeiten, dann schreiben die Geführten ihnen ein aktives und dynamisches Führungsverhalten zu. Sie werden von ihren Geführten als charismatisch und transformational wahrgenommen (Furtner 2016b). Die Mitarbeitenden identifizieren sich mit ihrem positiven Rollenmodell und imitieren die Self-Leadership-Fähigkeiten ihrer Führungskraft. Empowering Leadership liefert die notwendige Autonomie, damit sich die Self-Leadership-Fähigkeiten der Geführten optimal entfalten können. Mittels eines hohen Entscheidungs- und Handlungsspielraums agieren sich selbst führende Mitarbeitende selbstbestimmt und autonom. Dadurch können sie ihre arbeitsbezogene intrinsische Motivation erhöhen und vermehrt Flow-Zustände erleben. Während eines Flow-Erlebens gehen die Mitarbeitenden vollkommen in ihrer Tätigkeit auf. Sie vergessen sich selbst, verlieren die Zeitwahrnehmung, sind hoch konzentriert und können Spitzenleistungen erbringen. Die intrinsische Motivation und Flow regen kreative Prozesse an. Dadurch wird direkt die Innovationsfähigkeit der Geführten gefördert.

Empowering Leadership und Shared Leadership

4

Self-Leadership, Empowering Leadership und Shared Leadership bilden eine eng miteinander verwobene Triade, welche einerseits den Wünschen von hoch qualifizierten Wissensarbeitern entgegen kommt (z. B. Autonomie, Selbstbestimmung, Spaß und Freude bei der Aufgabenbewältigung, Bedeutsamkeit der Arbeitsaufgabe) und andererseits auch dem Bedürfnis von Organisationen in dynamischen Umwelten entspricht, welche eine strategische Innovationsausrichtung verfolgen. Beispiele hierfür können Forschungs- und Entwicklungsabteilungen von Unternehmen oder Hochschulen sein. Hinzu kommen Organisationen, bei welchen vorwiegend hoch qualifizierte Fachkräfte beschäftigt sind und aufgrund der Komplexität eine hohe Wissensteilung (Shared Knowledge) zur Förderung von Kreativität, Innovation und Leistung erforderlich ist (z. B. Unternehmensberatungen, Werbeagenturen, Architekturbüros, Rechtsanwaltskanzleien).

Nach Houghton und Yoho (2005) ist Empowering Leadership einerseits bei einem sehr hohen Entwicklungspotenzial der Mitarbeitenden und andererseits in wenig standardisierten, sehr unstrukturierten sowie dynamischen Aufgabenumwelten effektiv. Empowering Leadership bewirkt bei den Geführten ein hohes affektives (emotionales) Commitment, eine starke Unabhängigkeit, eine hohe Kreativität und Innovationsfähigkeit sowie ein hohes psychologisches Empowerment (Bedeutung, Einfluss, Selbstbestimmung und Kompetenzerleben bei der Arbeit). Wie Self-Leadership die zentrale Basis für Empowering Leadership und Shared Leadership darstellt, so ist ein ermächtigendes Führungsverhalten die Grundlage für Shared Leadership (Hoch 2013). Ein zentraler Vorteil von Empowering Leadership zeigt sich darin, dass es seine Wirkung entfaltet, auch wenn die Führungskraft nicht immer unmittelbar anwesend ist (Manz und Sims 1987; Srivastava et al. 2006).

© Springer Fachmedien Wiesbaden GmbH 2017
M. Furtner, *Empowering Leadership*, essentials,
DOI 10.1007/978-3-658-16060-9_4

Shared Leadership ist ein Führungsprozess, bei welchem sich alle Mitglieder eines Teams an der Führung beteiligen (Pearce und Manz 2005; Pearce et al. 2008). Es handelt sich um ein dynamisches und fortlaufend wechselseitiges Beeinflussungssystem. Die formal definierte Führungskraft nimmt sich selbst zurück, zeigt ein ermächtigendes Führungsverhalten und integriert sich in den Shared-Leadership-Prozess. Eine Führungskraft, welche sich die Macht und das Wissen mit ihren Geführten teilt, benötigt ein hohes Ausmaß an Selbstkontrolle und sozialisiertem Machtmotiv (Furtner 2016b; Furtner und Baldegger 2016). Im Zentrum des sozialisierten Machtmotivs stehen nicht die (egoistischen) Selbstinteressen der Führungskraft, sondern ein höheres Ideal oder Ziel, für welches sich die Führungskraft zurücknimmt. Die Macht und Stärke der Führungskraft wird dazu eingesetzt, dass sich die Geführten entwickeln können. Die Führungskraft dient einem höheren Ziel und der sozialen Gemeinschaft. Als „Gegenleistung" für ihr sozialisiertes Machtmotiv kann sie sich höchste Wertschätzung und Dankbarkeit von den Geführten und ihrer sozialen Umwelt erwarten. Evolutionstechnisch ist ein egoistisches im Vergleich zu einem sozialen Verhalten möglicherweise kurzfristig erfolgreicher. Mittel- und langfristig gesehen wird eine egoistische Person von ihrer sozialen Umwelt abgelehnt, da sie zu stark ihre Selbstinteressen verfolgt und polarisiert (Furtner 2012a). Demnach ist ein soziales Verhalten der Führungskraft nachhaltiger.

Mittels Shared Leadership verbessern sich die Beziehungen zwischen den Teammitgliedern untereinander und zu ihrer Führungskraft (Carson et al. 2007). Im Vergleich zur vertikalen Führung (z. B. direktive Führung) stellen für Cox, Pearce und Sims (2003) Empowering Leadership und Shared Leadership ein robusteres, flexibleres und dynamisches Führungssystem dar. Self-Leadership und Empowering Leadership sind wichtige Grundvoraussetzungen dafür, dass sich Shared Leadership in Teams entwickeln kann. Hinzu kommt eine Vielzahl von situativen Bedingungen, welche die geteilte Führung fördern. Pearce und Sims (2000) unterscheiden zwischen den spezifischen Eigenschaften der Gruppe, der Aufgabe und der Umwelt, die sich positiv auf die Entwicklung von Shared Leadership in Teams auswirken (Tab. 4.1; vgl. Furtner und Baldegger 2016).

[Shared Leadership-Team am Beispiel einer Segeljacht]

Der America's Cup ist die bekannteste und älteste internationale Segelregatta der Welt. Hierbei treten Segeljachten im Wettkampf gegeneinander an. Erlaubt ist ein Team von 17 Crewmitgliedern und einem Gast. Mit der Schweizer Jacht Alinghi konnte 2003 erstmals ein europäisches Team den begehrten Pokal gewinnen. 2007 konnte das Team den Titel nochmals verteidigen. Hierfür wurde das Segeljacht-Team 2003 und 2007 zu den Schweizer Sportlern des

Tab. 4.1 Voraussetzungen für die Entwicklung von Shared Leadership in Teams. (in Anlehnung an Pearce und Sims 2000)

Bedingungen	Förderung von Shared Leadership in Teams
Eigenschaften der Gruppe	
Fähigkeiten	Ausgeprägte Fähigkeiten der Gruppenmitglieder
Motive	Hohes sozialisiertes Machtmotiv oder Anschlussmotiv
Nähe, Reife und Vertrautheit	Hohe Nähe, Reife und Vertrautheit der Gruppenmitglieder untereinander
Vielfältigkeit	Diversität (z. B. unterschiedliche Qualifikationen) unter den Teammitgliedern unterstützt Entscheidungsprozesse
Führungsverhalten	Empowering Leadership
Gruppengröße	5 bis 10 Personen
Eigenschaften der Aufgabe	
Ganzheitlichkeit und Bedeutsamkeit der Aufgabe	Einzelaufgaben der Gruppenmitglieder stehen in starker und sinnhafter Abhängigkeit zueinander
Kreativität und Komplexität	Kreative Gruppenaufgaben zur Förderung von Innovation mit hoher Aufgabenkomplexität
Dringlichkeit	Höhere Dringlichkeit der Aufgabenbearbeitung
Eigenschaften der Umwelt	
Unterstützung durch die organisationale Führung	Implementierung eines Koordinations- und Informationssystems
Belohnungssystem	Gruppenleistungen werden belohnt
Kultur	Teamförderliche Self-Leadership-Kultur

Jahres (Kategorie: Team des Jahres) gekürt. Am Beispiel eines Segeljacht-Teams können die Vorbedingungen für Shared Leadership in Teams sehr gut verdeutlicht werden: 1) *Eigenschaften der Gruppe:* Die formal definierte Bootsführung (Skipper) zeigt ein hohes Ausmaß an Empowering Leadership. Sie teilt sich die Macht, das Wissen und die wechselseitige Kontrolle mit dem Team. Erfahrene Skipper fördern die Selbstentwicklung der Teammitglieder, damit sich diese schließlich selbst führen und positiv beeinflussen können. „Blind vertrauen" können sich die Teammitglieder dann, wenn eine hohe Nähe, Reife und Vertrautheit untereinander besteht. Vielfältigkeit unter den Teammitgliedern wirkt sich positiv auf schwierige Entscheidungsprozesse aus. 2) *Eigenschaften der Aufgabe:* Bei hoher Dringlichkeit unter sich schnell verändernden Umweltbedingungen (z. B. Änderung der Windrichtung) muss rasch reagiert werden: Jeder Handgriff der Teammitglieder sollte hundertprozentig „sitzen". Die Einzelaufgaben der Teammitglieder stehen in einer komplexen wechselseitigen Abhängigkeit zueinander. Die Sinnhaftigkeit der Aufgabe ist durch das definierte Ziel gegeben. 3) *Eigenschaften der Umwelt:* Die verantwortlichen Personen und Organisationen im Hintergrund (z. B. Eigentümer, Geldgeber) liefern die notwendigen Grundvoraussetzungen, dass sich eine Self-Leadership- und Shared-Leadership-Kultur im Segelteam entwickeln kann. Dadurch können Höchstleistungen in Shared-Leadership-Teams erbracht werden.

Shared Leadership ist noch ein relativ junges Konzept in der Führungsforschung. Dennoch liegen bereits erste vielversprechende Ergebnisse auf Basis empirischer Studien vor: Shared Leadership erhöht den Zusammenhalt in Gruppen, die freiwilligen Mehrleistungen der Mitarbeitenden *(Organizational Citizenship Behavior),* die Problemlösequalität und die Gruppeneffektivität (Pearce 1997; Pearce und Sims 2002). Carson et al. (2007) und Hoch, Pearce und Welzel (2010) konnte eine höhere Gruppenleistung nachweisen (Hoch und Kozlowski 2014). Hoch (2013) konnte zudem ein stärkeres innovatives Verhalten in Shared-Leadership-Teams beobachten. Neben Empowering Leadership zeigt auch die transformationale Führung positive Beziehungen zu Shared Leadership (Fausing et al. 2015; Hoch 2013; Wang et al. 2014). Insbesondere die „helle" und sozialisierte Form der transformationalen Führung kann sich sehr positiv auf Shared-Leadership in Teams auswirken (vgl. Furtner 2016b). Wang et al. (2014) analysierten im Rahmen einer Metaanalyse 42 empirische Studien und konnten belegen, dass sich Shared Leadership positiv auf die Gruppeneffektivität auswirkt. Bergman et al. (2012) beobachteten in Shared-Leadership-Teams einen höheren Gruppenzusammenhalt, weniger Konflikte, einen höheren Konsens und ein stärkeres Vertrauen der Teammitglieder untereinander.

Empowering Leadership: Effektivität   5

Empowering Leadership hat eine Vielzahl von positiven Auswirkungen auf Organisationen. Sein konzeptioneller Vorläufer „Superleadership" zeigt positive Effekte auf die Teamentwicklung. Ein „Superleadership-Verhalten" der Führungskraft hat positiven Einfluss auf die Fairness, das Vertrauen, das persönliche Wachstum und die gegenseitige Unterstützung in Teams (Elloy 2005, 2006). Nach Dewettinck und van Ameijde (2011) weist Empowering Leadership positive Auswirkungen auf die Arbeitszufriedenheit, das affektive Commitment und psychologisches Empowerment auf. Das affektive Commitment beschreibt die emotionale Bindung und Verpflichtung, welche eine Person ihrem Team, ihrer Führungskraft und ihrer Organisation gegenüber zeigt. Demonstrieren Führungskräfte ein ermächtigendes Führungsverhalten, dann entwickeln die Geführten eine höhere emotionale Bindung und Identifikation ihrer Organisation gegenüber. Das psychologische Empowerment zeigt enge Beziehungen zur Autonomiewahrnehmung und intrinsischen Motivation. Eine Person mit einem hohen psychologischen Empowerment nimmt ihre Arbeit selbstbestimmt, bedeutsam und beeinflussbar wahr. Sie fühlt sich kompetent und eine höhere aufgabenbezogene intrinsische Motivation, welche zu Spitzenleistungen führt, kann sich entwickeln. Einen direkten Einfluss von Empowering Leadership auf das psychologische Empowerment der Geführten konnte bereits mehrfach belegt werden (z. B. Chen et al. 2011; Zhang und Bartol 2010). Das psychologische Empowerment und das affektive Commitment zeigen positive Effekte auf die Teaminnovation und ein positives Teamverhalten. Zudem wirken sie sich negativ auf die Personalfluktuation aus. Das heißt, die Mitarbeitenden zeigen eine geringere Absicht, die Organisation zu verlassen.

Entscheidend bezüglich der Wirksamkeit von Empowering Leadership ist, dass eine sehr gute Beziehungsqualität zwischen Führungskraft und Geführten

© Springer Fachmedien Wiesbaden GmbH 2017
M. Furtner, *Empowering Leadership,* essentials,
DOI 10.1007/978-3-658-16060-9_5

beobachtbar ist. Sowohl Vecchio, Justin und Pearce (2010) als auch Hassan et al. (2013) konnten belegen, dass sich Empowering Leadership positiv auf die Beziehungsqualität und Beziehungszufriedenheit der Geführten auswirkt. Eine ermächtigende Führungskraft versteht es, die Selbstwirksamkeit (den Glauben an die eigenen Fähigkeiten) der Teammitglieder zu stärken (Srivastava et al. 2006). Ahearne et al. (2005) untersuchten den Effekt von Empowering Leadership auf die Selbstwirksamkeit von Verkäufern. Bemerkenswert ist, dass insbesondere junge und unerfahrene Verkäufer (mit einem geringen Produkt- und Branchenwissen) ihre Selbstwirksamkeit mittels eines ermächtigenden Führungsverhaltens der Führungskraft verbessern konnten. Dies liefert einen weiteren Beleg, dass ein Kernziel von Empowering Leadership darin liegt, die Selbstentwicklung der Geführten anzuregen.

Im Teamkontext konnte schon mehrfach belegt werden, dass Empowering Leadership zu einer höheren Wissensteilung in Teams führt (Srivastava et al. 2006; Xue et al. 2011). Eine höhere Wissensteilung in Teams ist eine wichtige Grundvoraussetzung, dass die Innovationsfähigkeit und die Leistung in Teams verbessert werden. Empowering Leadership zeigt demnach positive Auswirkungen auf die Kreativität und Innovation in Teams (Zhang und Bartol 2010). Burke et al. (2006) überprüften im Rahmen einer Metaanalyse, inwiefern sich unterschiedliche Arten des Führungsverhaltens (Empowering Leadership, transformationale und transaktionale Führung) auf das Teamlernen auswirken. Hierbei zeigte Empowering Leadership die stärksten Effekte sowohl auf die Teameffektivität, die Teamproduktivität und das Teamlernen. Empowering Leadership bietet sich insbesondere in einem komplexen Umfeld an: Sind die kognitiven Anforderungen an die Teammitglieder sowie die kognitiven Ressourcen (Intelligenz, Wissen, hohe Problemlösefähigkeiten) hoch, dann stellt Empowering Leadership das Führungsverhalten der Wahl dar (Tuckey et al. 2012).

Ein ermächtigendes Führungsverhalten an der höchsten CEO-Ebene einer Organisation hat einen unmittelbaren Top-Down-Einfluss auf das Verhalten des Top-Managements. Carmeli, Schaubröck und Tishler (2011) konnten nachweisen, dass ein ermächtigendes Führungsverhalten des CEO positive Effekte auf das Top-Management-Team ausübt: Das Top-Management-Team konnte sowohl seine Effektivität steigern als auch die Gesamtleistung der Organisation positiv beeinflussen. Positive Auswirkungen des Top-Management-Teams konnten insbesondere dann nachgewiesen werden, wenn eine hohe (umweltbedingte) Unsicherheit wahrgenommen wird. Dies liefert einen weiteren Nachweis, dass Empowering Leadership besonders in unsicheren und dynamischen Umwelten positive Effekte zur Förderung der Effektivität, Innovationskraft und Leistungsfähigkeit ausübt.

Empowering Leadership bietet sich insbesondere in jenen Kontexten an, in welchen die Kreativität, Innovation und Spitzenleistungen gefördert werden sollen. In Forschungs- und Entwicklungsabteilungen überprüften Schröder, Baldegger und Furtner (in Einreichung) an 116 Führungskräften und 371 Geführten den Einfluss von Empowering Leadership auf die Neuproduktentwicklungsleistung in Teams (New Product Development Performance). Zudem wurden organisationale Kontexteinflüsse (z. B. strategische und kulturelle Orientierung der Organisation) mit berücksichtigt. Die Resultate belegen, dass Empowering Leadership einen positiven Effekt auf die Innovation und demnach auf die Neuproduktentwicklungsleistung ausübt. Bemerkenswert ist, dass sowohl die strategische (hohe Innovationsfokussierung) als auch die kulturelle Ausrichtung (z. B. Risiken eingehen, neue Dinge ausprobieren) der Organisation in Interaktion mit Empowering Leadership positive Effekte auf die Neuproduktentwicklungsleistung ausüben. Dies bedeutet, dass die strategische und kulturelle Ausrichtung der Organisation im Zusammenwirken mit Empowering Leadership einen positiven Effekt auf die Innovationsleistung zeigt. Auf Basis der bisherigen Kenntnisse werden in Tab. 5.1 die positiven Effekte von Empowering Leadership auf das Individuum, das Team und die Organisation zusammengefasst (vgl. Furtner und Baldegger 2016).

Tab. 5.1 Positive Effekte von Empowering Leadership auf das Individuum, das Team und die Organisation

Individuum	Team	Organisation
• höhere individuelle Leistung	• höhere Teamleistung	• höheres organisationales Commitment
• höhere Arbeitszufriedenheit	• stärkere Wissensteilung	• höheres organisationales Selbstwertgefühl
• höheres psychologisches Empowerment	• höhere Selbstwirksamkeit	• geringere organisationale Fluktuation
• höhere Selbstwirksamkeit	• höhere Innovationskraft, Kreativität und Effektivität	• höhere organisationale Innovation
• höhere intrinsische Motivation, Flow und Kreativität	• Kommunikation, Fairness, Vertrauen und gegenseitige Unterstützung	• höhere organisationale Effektivität

Konklusion 6

Aufgrund dynamischer oder instabiler Umweltbedingungen zeigen Organisationen zunehmend das Bedürfnis und die Notwendigkeit, ihre (hoch qualifizierten) Wissensarbeiter und Fachkräfte zu kreativen und innovativen Höchstleistungen anzutreiben. Die Führungskonzept-Triade aus Empowering Leadership, Shared Leadership und Self-Leadership stellt hierbei einen optimalen Ansatz dar. Die transformationale Führung regt ihre Geführten ebenfalls zu herausragenden Leistungen an (Furtner 2016b). Auf der individuellen Beeinflussungsebene kann sie sehr gut ihre Stärken entfalten. Auf der Teamebene zeigen sich jedoch Vorteile für ein ermächtigendes Führungsverhalten. Im Vergleich zur transformationalen Führung liefert Empowering Leadership einen zentraleren Beitrag zur Förderung der Teameffektivität, der Teamproduktivität und des Teamlernens.

Als Kern von Empowering Leadership nimmt Self-Leadership eine Schlüsselrolle ein. Eine Führungskraft muss sich zunächst selbst effektiv beeinflussen, bevor sie andere Menschen führen kann (Manz und Sims 1991). Self-Leadership ist eine wichtige Basis für aktives und effektives Führungsverhalten (Furtner et al. 2013). Empowering Leadership zielt darauf ab, die Self-Leadership-Fähigkeiten der Geführten zu entwickeln. Als positives Rollenmodell und Vorbild demonstriert eine ermächtigende Führungskraft ihre Self-Leadership-Fähigkeiten und zeigt den Geführten auf, wie sie selbstbestimmt mit einer hohen Autonomie umgehen können.

Damit Empowering Leadership, Shared Leadership und Self-Leadership erfolgreich in einer Organisation implementiert werden können, benötigt es eine entsprechende innovationsförderliche strategische Ausrichtung und die Unterstützung durch die Top-Führungsebene. Die strategische Ausrichtung beeinflusst wiederum die Struktur und Kultur einer Organisation. Die höheren und mittleren Führungskräfte einer Organisation nehmen eine wichtige Vorbildfunktion ein.

© Springer Fachmedien Wiesbaden GmbH 2017
M. Furtner, *Empowering Leadership,* essentials,
DOI 10.1007/978-3-658-16060-9_6

Sie legen jene Bedingungen fest, damit sich eine Self-Leadership-Kultur entwickeln kann. Bezüglich des Prozesses der Aufgabenbearbeitung verfügen die Mitarbeitenden über sehr viel Gestaltungsspielraum. Bewertet wird weniger der Leistungsprozess, sondern stärker die Leistungsergebnisse. Die Führungskraft muss nur mehr geringe Zeit in Kontrollaktivitäten investieren. Dadurch ersparen sich sowohl die Führungskräfte als auch die Organisation Zeit und Ressourcen. Empowering Leadership und die Förderung von Self-Leadership kommen dem Trend nach dezentralen Organisationsstrukturen entgegen. Weite Kontrollspannen (geringe Kontrollaktivitäten der Führungskraft) und flache Hierarchien haben den Vorteil, dass sich Empowering Leadership, Shared Leadership und Self-Leadership vollkommen entfalten können. Dadurch können Kosten reduziert (geringere Anzahl von Führungskräften/Ebene), die persönlichen und zeitlichen Ressourcen der Führungskraft entlastet und die Flexibilität der Gesamtorganisation erhöht werden.

In innovationsorientierten Organisationen zeigt sich ein sehr heterogenes Bild bezüglich des Führungsverhaltens: Manche Führungskräfte zeigen ein sehr autoritäres und direktives Führungsverhalten, weitere hingegen eine sehr passive Führung (z. B. Laissez-faire-Führung) und andere wiederum wenden beispielsweise auf Basis ihrer Persönlichkeit, Intuition und praktischen Erfahrung ein sehr aktives Führungsverhalten (z. B. transformationale Führung) an. Schließlich existieren Führungskräfte, welche ihren Schwerpunkt auf ein ermächtigendes Führungsverhalten legen. Empowering Leadership wirkt sich förderlich auf die Entwicklung der Kreativität, Innovation und Leistung von Individuen und Teams aus. Die ersten Studienergebnisse zu Empowering Leadership zeigen, dass insbesondere innovationsorientierte Organisationen (z. B. Unternehmen, Hochschulen) und Abteilungen (z. B. Forschungs- und Entwicklungsabteilungen) im besonderen Ausmaß von Empowering Leadership profitieren. Mittels Empowering Leadership erhöhen Organisationen und Abteilungen im Zuge des Personalmarketings und der Mundpropaganda ihre Anziehungskraft für hoch qualifizierte Wissensarbeiter und Fachkräfte.

Zusammengefasst zeigt Empowering Leadership eine Vielzahl von positiven Auswirkungen für Organisationen und deren Mitglieder:

Erstens haben innovationsorientierte Organisationen und Unternehmen ein zentrales Interesse daran, ihre Gesamteffektivität mittels der Förderung von Kreativität, Innovation und Leistung zu erhöhen. Obwohl sehr grundlegend, liegt ein zentrales Ziel im strategischen Management darin, die eigene Überlebensfähigkeit zu sichern. In einer zunehmend dynamischen, komplexen und unsicheren (globalisierten) Welt mit kürzeren Produktlebenszyklen und einem erhöhten Kostendruck ist Innovation ein Schlüsselkriterium zur Sicherung der eigenen

Überlebensfähigkeit sowie zur Förderung spezifischer Positionierungs- und Wachstumsstrategien.

Zweitens kommen Organisationen den zentralen Bedürfnissen von hoch qualifizierten Wissensarbeitern und Fachkräften entgegen, dem Wunsch nach Selbstbestimmung, Autonomie und dem Erleben von Spaß und Freude bei der Arbeit. Da Wissensarbeiter bereits über ein hohes fachliches Wissen verfügen und ihre Selbstentwicklung (z. B. Self-Leadership-Fähigkeiten) fortlaufend durch die ermächtigende Führungskraft vorangetrieben wird, können sie auf Basis eines hohen Entscheidungs- und Handlungsspielraum ihre aufgabenbezogene intrinsische Motivation steigern. Dadurch erfahren sie vermehrt hoch konzentrierte Flow-Zustände. Die intrinsische Motivation und Flow repräsentieren die „Königsklasse" der menschlichen Motivation. Diese Zustände fördern nicht nur Höchstleistungen, sie führen zu mehr Kreativität und Innovation (vgl. Furtner 2012a).

Drittens agieren sich selbst führende Vorgesetzte als positive Rollenmodelle und Vorbilder. Sie betonen die besondere Bedeutung von positiven selbstbeeinflussenden Strategien und demonstrieren ihre Self-Leadership-Fähigkeiten. Dadurch fördern und entwickeln sie direkt die Self-Leadership-Fähigkeiten ihrer Geführten, welche zudem von der Führungskraft positiv verstärkt werden (z. B. Feedback und Lob).

Viertens wirkt sich Empowering Leadership nicht nur positiv auf die Selbstentwicklung der Geführten aus, sondern auch die geteilte Führung in Teams wird gefördert. Die Führungskraft teilt sich das Wissen, die Macht und die Kontrolle mit den Geführten. Die Teammitglieder lernen, sich positiv wechselseitig zu beeinflussen, zu motivieren, das Wissen zu teilen und ihre Leistungen gegenseitig zu kontrollieren. Sie übernehmen eine aktive Rolle im Führungsprozess.

Um die Kreativität, Innovation und Spitzenleistungen zu fördern, müssen sich sowohl die Führungskraft als auch die Geführten zumindest teilweise von klassisch verankerten Rollenbildern verabschieden. Das heißt, sowohl von der Vorstellung einer „starken", autoritären und allmächtig thronenden Führungskraft, welche alleinig die Verantwortung für den Führungsprozess trägt als auch von „schwächeren" und passiven Geführten, welche nur dann Leistungen erbringen, wenn sie kontrolliert werden und Leistungsanreize erhalten. Empowering Leadership, Shared Leadership und Self-Leadership fordern zu einem „Umdenken" der vielfach kulturell geprägten Sichtweise von Führung auf: Im Mittelpunkt des übergeordneten Führungsprozesses stehen *alle* Organisationsmitglieder. Die Führungskraft erfüllt die Funktion des Coaches und Trainers, alleinig um die Selbstentwicklung der Geführten anzutreiben und die Innovations- und Leistungsfähigkeit einer Organisation im 21. Jahrhundert zu fördern.

Was Sie aus diesem *essential* mitnehmen können

- Eine ermächtigende Führungskraft teilt sich die Macht, das Wissen und die Kontrolle mit den Geführten und Teammitgliedern
- Empowering Leadership gewährt ein hohes Ausmaß an Autonomie und Vertrauen
- Eine ermächtigende Führungskraft fördert die Selbstentwicklung der Geführten und Teammitglieder
- Empowering Leadership fördert die Kreativität, Innovation und Leistungsfähigkeit der Organisationsmitglieder
- Empowering Leadership kommt dem Bedürfnis von hoch qualifizierten Wissensarbeitern und Fachkräften entgegen (Wunsch nach Selbstverwirklichung und Autonomie)
- Self-Leadership stellt den Kern von Empowering Leadership und Shared Leadership dar
- Eine ermächtigende Führungskraft benötigt hohe Self-Leadership-Fähigkeiten, welche sie aktiv bei ihren Geführten und Teammitgliedern fördert und entwickelt
- Wie Empowering Leadership fördert auch Shared Leadership die Kreativität, Innovation und Leistung in Teams
- Im Shared-Leadership-Prozess teilen sich die Teammitglieder die Macht, das Wissen und die wechselseitige Kontrolle
- Mittels Empowering Leadership und Shared Leadership sollen *alle* Organisationsmitglieder am Führungsprozess beteiligt werden
- Empowering Leadership, Self-Leadership und Shared Leadership fördern die aufgabenbezogene intrinsische Motivation und Flow-Zustände

© Springer Fachmedien Wiesbaden GmbH 2017
M. Furtner, *Empowering Leadership*, essentials,
DOI 10.1007/978-3-658-16060-9

- Die Führungskonzept-Triade aus Empowering Leadership, Self-Leadership und Shared Leadership eignet sich besonders für jene Organisationen und Abteilungen, welche im hohen Ausmaß die Kreativität, Innovation und Spitzenleistungen fördern wollen

Literatur

Ahearne, M., Mathieu, J., & Rapp, A. (2005). To empower or not to empower your sales force? An empirical examination of the influence of leadership empowerment behavior on customer satisfaction and performance. *Journal of Applied Psychology, 90,* 945–955.

Amundsen, S., & Martinsen, O. L. (2014). Empowering leadership: Construct clarification, conceptualization, and validation of a new scale. *The Leadership Quarterly, 25,* 487–511.

Arnold, J. A., Arad, S., Rhoades, J. A., & Drasgow, F. (2000). The empowering leadership questionnaire: The construction and validation of a new scale for measuring leader behaviors. *Journal of Organizational Behavior, 21,* 249–269.

Bandura, A. (1986). *Social foundations of thought and action: A social cognitive theory.* Englewood Clif: Prentice-Hall.

Bergman, J. Z., Rentsch, J. R., Small, E. E., Davenport, S. W., & Bergman, S. M. (2012). The shared leadership process in decision-making teams. *The Journal of Social Psychology, 152,* 17–42.

Burke, C. S., Stagl, K. C., Klein, C., Goodwin, G. F., Salas, E., & Halpin, S. (2006). What type of leadership behaviors are functional in teams? A meta-analysis. *The Leadership Quarterly, 17,* 288–307.

Carmeli, A., Meitar, R., & Weisberg, J. (2006). Self-leadership skills and innovative behavior at work. *International Journal of Manpower, 27,* 75–90.

Carmeli, A., Schaubröck, J., & Tishler, A. (2011). How CEO empowering leadership shapes top management team processes: Implications for firm performance. *The Leadership Quarterly, 22,* 399–411.

Carson, J. B., Tesluk, P. E., & Marrone, J. A. (2007). Shared leadership in teams: An investigation of antecedent conditions and performance. *Academy of Management Journal, 50,* 1217–1234.

Carver, C. S., & Scheier, M. F. (1981). *Attention and self-regulation: A control theory approach to human behavior.* New York: Springer.

Carver, C. S., & Scheier, M. F. (1998). *On the self-regulation of behavior.* Cambridge: Cambridge University Press.

Cautela, J. R. (1969). Behavior therapy and self-control: Techniques and applications. In C. M. Franks (Hrsg.), *Behavioral therapy: Appraisal and status* (S. 323–340). New York: McGraw-Hill.

© Springer Fachmedien Wiesbaden GmbH 2017
M. Furtner, *Empowering Leadership,* essentials,
DOI 10.1007/978-3-658-16060-9

Chen, G., Sharma, P. N., Edinger, S. K., Shapiro, D. L., & Farth, J.-L. (2011). Motivating and demotivating forces in teams: Cross-level influences of empowering leadership and relationship conflict. *Journal of Applied Psychology, 96*, 541–557.

Clement, R. W. (2006). Just how unethical is American business? *Business Horizons, 49*, 313–327.

Cox, J. F., Pearce, C. L., & Sims, H. P. (2003). Toward a broader agenda for leadership development: Extending the traditional transactional-transformational duality by developing directive, empowering and shared leadership skills. In R. E. Riggio & S. Murphy (Hrsg.), *The future of leadership development* (S. 161–179). Mahwah: Lawrence Erlbaum.

Crevani, L., Lindgren, M., & Packendorff, J. (2007). Shared leadership: A postheroic perspective on leadership as a collective construction. *International Journal of Leadership Studies, 3*, 40–67.

Deci, E. L., & Ryan, R. M. (1987). The support of autonomy and control of behavior. *Journal of Personality and Social Psychology, 53*, 1024–1037.

Dewettinck, K., & van Ameijde, M. (2011). Linking leadership empowerment behaviour to employee attitudes and behavioural intentions: Testing the mediating role of psychological empowerment. *Personnel Review, 40*, 284–305.

DiLiello, T. C., & Houghton, J. D. (2006). Maximizing organizational leadership capacity for the future: Toward a model of self-leadership, innovation, and creativity. *Journal of Managerial Psychology, 21*, 319–337.

Elloy, D. F. (2005). The influence of superleader behaviors on organization commitment, job satisfaction and organization self-esteem in a self-managed work team. *Leadership and Organizational Development Journal, 26*, 120–127.

Elloy, D. F. (2006). Superleader behaviors and self-managed work teams: Perceptions of supervisory behaviors, satisfaction with growth, and team functions. *Journal of Business and Economics Research, 4*, 97–102.

Furtner, M. (2012a). *Self-Leadership: Assoziationen zwischen Self-Leadership, Selbstregulation, Motivation und Leadership.* Lengerich: Pabst Science Publishers.

Furtner, M. (2012b). Wie beeinflussen Motive das Führungsverhalten? *Journal Psychologie des Alltagshandelns/Psychology of Everyday Activity, 5*, 52–65.

Furtner, M. (2016a). *Selbstführung und Selbstmanagement: Eine Geschichte über Erfolg und Glück – Mit praktischen Übungen.* Innsbruck: Studia.

Furtner, M. (2016b). *Effektivität der transformationalen Führung.* Wiesbaden: Springer Gabler.

Furtner, M., & Baldegger, U. (2016). *Self-Leadership und Führung – Theorien, Modelle und praktische Umsetzung* (2. Aufl.). Wiesbaden: Springer Gabler.

Furtner, M. R., Baldegger, U., & Rauthmann, J. F. (2013). Leading yourself and leading others: Linking self-leadership to transformational, transactional, and laissez-faire leadership. *European Journal of Work and Organizational Psychology, 22*, 436–449.

Furtner, M., Maran, T., & Sachse, P. (in Druck). Self-Leadership: Essenzielle Basis für Empowering und Shared Leadership. In L. Truniger (Hrsg.), *Führen in Hochschulen – Theoretische Grundlagen, Anregungen, und Einblicke in Leadership, Praxisbeispiele.* Wiesbaden: Springer Gabler.

Furtner, M. R., Rauthmann, J. F., & Sachse, P. (2015). Unique self-leadership: A bifactor model approach. *Leadership, 11*, 105–125.

Furtner, M. R., & Sachse, P. (2011). Self-Leadership Training – Wirksamkeitsprüfung mit qualitativ-quantitativer Methodenkombination. *Wirtschaftspsychologie, 13,* 102–112.

Hassan, S., Mahsud, R., Yukl, G., & Prussia, G. E. (2013). Ethical and empowering leadership and leader effectiveness. *Journal of Managerial Psychology, 28,* 133–146.

Hauschildt, K., & Konradt, U. (2012). The effect of self-leadership on work role performance in teams. *Leadership, 8,* 145–168.

Hoch, J. E. (2013). Shared leadership and innovation: The role of vertical leadership and employee integrity. *Journal of Business Psychology, 28,* 159–174.

Hoch, J. E., & Kozlowski, W. J. (2014). Leading virtual teams: Hierarchical leadership, structural supports, and shared team leadership. *Journal of Applied Psychology, 99,* 390–403.

Hoch, J. E., Pearce, C. L., & Welzel, L. (2010). Is the most effective team leadership shared? The impact of shared leadership, age diversity, and coordination of team performance. *Journal of Personnel Psychology, 9,* 105–116.

Houghton, J. D., & Yoho, S. K. (2005). Toward a contingency model of leadership and psychological empowerment: When should self-leadership be encouraged? *Journal of Leadership and Organizational Studies, 11,* 65–83.

Isaacson, W. (2011). *Steve Jobs.* London. Little, Brown and Company

Kanfer, F. H., Reinecker, H., & Schmelzer, D. (2012). *Selbstmanagement-Therapie: Ein Lehrbuch für die klinische Praxis* (5. Aufl.). Berlin: Springer.

Kerr, S., & Jermier, J. M. (1978). Substitutes for leadership: Their meaning and measurement. *Organizational Behavior and Human Performance, 22,* 375–403.

Konradt, U., Andreßen, P., & Ellwart, T. (2009). Self-leadership in organizational teams: A multilevel analysis of moderators and mediators. *European Journal of Work and Organizational Psychology, 18,* 322–346.

Lucke, G. A., & Furtner, M. R. (2015). Soldiers lead themselves to more success: A self-leadership intervention study. *Military Psychology, 27,* 311–324.

Manz, C. C., & Sims, H. P. (1980). Self-management as a substitute for leadership: A social learning theory perspective. *Academy of Management Review, 5,* 361–367.

Manz, C. C., & Sims, H. P. (1987). Leading workers to lead themselves: The external leadership of self-managing work teams. *Administrative Science Quarterly, 32,* 106–129.

Manz, C. C., & Sims, H. P. (1991). Superleadership: Beyond the myth of heroic leadership. *Organizational Dynamics, 19,* 18–35.

Neck, C. P., & Houghton, J. D. (2006). Two decades of self-leadership theory and research: Past developments, present trends, and future possibilities. *Journal of Managerial Psychology, 21,* 270–295.

Pearce, C. L. (1997). *The determinants of change management team effectiveness: A longitudinal investigation.* Unpublished doctoral dissertation. University of Maryland, College Park.

Pearce, C. L., & Manz, C. C. (2005). The new silver bullets of leadership: The importance of self- and shared leadership in knowledge work. *Organizational Dynamics, 34,* 130–140.

Pearce, C. L., & Manz, C. C. (2014). The leadership disease… and its potential cure. *Business Horizons, 57,* 215–224.

Pearce, C. L., Manz, C. C., & Sims, H. P. (2008). The roles of vertical and shared leadership in the enactment of executive corruption: Implications for research and practice. *The Leadership Quarterly, 19*, 353–359.

Pearce, C. L., & Sims, H. P. (2000). Shared leadership: Toward a multi-level theory of leadership. In (Hrsg.), *Advances in interdisciplinary studies of work teams* (Bd. 7, S. 115–139). Greenwich: Emerald Group Publishing.

Pearce, C. L., & Sims, H. P. (2002). Vertical versus shared leadership as predictors of the effectiveness of change management teams: An examination of aversive, directive, transactional, transformational, and empowering leader behaviors. *Group Dynamics: Theory, Research, and Practice, 6*, 172–197.

Podsakoff, P. M., MacKenzie, S. B., & Bommer, W. H. (1996). Tranformational leader behaviors and substitutes for leadership as determinants of employee satisfaction, commitment, trust, and organizational citizenship behaviors. *Journal of Management, 22*, 259–298.

Schröder, S. H., Baldegger, U., & Furtner, M. R. (in Einreichung). *Empowering leadership in the R&D – Interaction effects of the strategic and cultural context.*

Shah, T., & Mulla, Z. R. (2013). Leader motives, impression management, and charisma – a comparison of Steve Jobs and Bill Gates. *Management and Labour Studies, 38*, 155–184.

Srivastava, A., Bartol, K. M., & Locke, E. A. (2006). Empowering leadership in management teams: Effects on knowledge sharing, efficacy, and performance. *The Academy of Management Journal, 49*, 1239–1251.

Stewart, G. L., & Barrick, M. R. (2000). Team structure and performance: Assessing the mediating role of intrateam process and the moderating role of task type. *The Academy of Management Journal, 43*, 135–148.

Tuckey, M. R., Bakker, A. B., & Dollard, M. F. (2012). Empowering leaders optimize work conditions for engagement: A multilevel study. *Journal of Occupational Health Psychology, 17*, 15–27.

Vecchio, R. P., Justin, J. E., & Pearce, C. L. (2010). Empowering leadership: An examination of mediating mechanisms within a hierarchical structure. *The Leadership Quarterly, 21*, 530–542.

Wang, D., Waldman, D. A., & Zhang, Z. (2014). A meta-analysis of shared leadership and team effectiveness. *Journal of Applied Psychology, 99*, 181–198.

Wong, S. I, & Giessner, S. R. (in press). The thin line between empowering and laissez-faire leadership: An expectancy-match perspective. *Journal of Management.* doi: 10.1177/0149206315574597.

Xue, Y., Bradley, J., & Liang, H. (2011). Team climate, empowering leadership, and knowledge sharing. *Journal of Knowledge Management, 15*, 299–312.

Yun, S., Cox, J., & Sims, H. P. (2006). The frgotten follower: A contingency model of leadership and follower self-leadership. *Journal of Managerial Psychology, 21*, 374–388.

Zhang, X., & Bartol, K. M. (2010). Linking empowering leadership and employee creativity: The influence of psychological empowerment, intrinsic motivation, and creative process engagement. *The Academy of Management Journal, 53*, 107–128.